AF289018

„Der reine Blicke auf die Dinge"

Remo Fasani

Zu diesem Buch

„Dies Engadiner Licht" – so beginnt eines der nachfolgenden Gedichte, die sich gleich Tagebucheintragungen aneinander reihen, indem sie ganz persönliche Erlebnisse und Begegnungen wiedergeben.

Kaum jemand kann sich wohl der Sogwirkung dieser einmaligen Seen- und Gebirgslandschaft entziehen, und beim Abschied bleibt das Gefühl bestehen, man müsste noch einmal zurückkehren und all die inzwischen vertrauten Orte aufsuchen.

Wenn dies in Gedichtform berichtet wird, zeigt sich wohl unbeabsichtigt die Tendenz zur Wiederholung des Erlebten. Aber darin ist gerade vielleicht das Bedürfnis zu erkennen, immer und immer wieder davon zu erzählen, was sich zwischenzeitlich in ein großes Innenbild verwandelt hat:

die schillernden Wasserflächen, die Kulisse der schneebedeckten Berge, das Licht, die Klarheit, die Reinheit und der Friede, der über allem ruht.

Der Autor

Wolfgang Rinn wurde am 29. August 1936 in Tübingen geboren und war viele Jahre als Sonderpädagoge in der Behindertenarbeit tätig. Er lebt heute in Reutlingen.

1998	*veröffentlichte er seinen ersten Gedichtband unter dem Titel: „An der Schwelle des Übergangs". In der Zeit danach erschienen verschiedene Gedichte in Anthologien und Tageszeitungen.*
2005	*folgte dann ein zweiter Gedichtband: "Ich trete still heraus aus diesem Kreise", der vor allem das Thema „Tod und Sterben" beinhaltet*
2008	*erhält Wolfgang Rinn den 2. Lyrikpreis der Stadt Völklingen*
2009	*erscheint dann der dritte Gedichtband „Wortblüten"*
2011	*folgen Tiergedichte für Jung und Alt mit dem Titel: „ Jedem sein eigenes Tempo"*

Wolfgang Rinn

Silser Tagebuch

Erinnerungen und Begegnungen

2012

© Wolfgang Rinn

Umschlaggestaltung: Johannes Rinn
Satz und Layout: Johannes Rinn

Bildnachweis:
Wolfgang Rinn

Bibliografische Information der Deutschen Nationalbibliothek
Die Deutsche Nationalbibliothek verzeichnet diese Publikation in der
Deutschen Nationalbibliografie; detaillierte bibliografische Daten sind
im Internet über http://dnb.d-nb.de abrufbar.

Herstellung und Verlag:
BoD - Books on Demand, Norderstedt

ISBN 9783848254316

Am Silser See

Der See, die stille Wasserfläche,
mit den spitzen Bergen ringsum,
schützend, hüllend,
grau getönt
im Dunst der Morgenfrühe
und scheuen Zueinanders,
bis lichtes Blau
von Himmelshöhn
die Landschaft
in ein großes Bild verwandelt,
dem Mittagsglut die Farben leiht,
und Seen und Berge
greifbar in die Nähe rückt
als friedlich Miteinander.

Und wieder dieser See

Und immer wieder dieser See,
auch heut´ als stille Wasserfläche
in sich ruhend,
türkis und grün und lichtes Blau
in stetem Wechselspiel,
und da und dort
wie drüber hingestreut
ein kleiner Haubentaucher,
Zeuge friedevollen Lebens,
dazu die weißen Wolkenschiffe,
die vor Anker gehen,
in einem atemlosen Spiegel,
der das Himmelslicht
auf wundersame Weise
sammelt und bewahrt.

Ort der Erinnerung

Torre Belvedere,
Zeuge längst vergangener Tage,
hast heute wieder mich gerufen.

Großes und Gewaltiges,
das hatten Menschen einst im Sinn,
sich über diesen Ort hinauszuheben,
der ihnen wie kein anderer
würdig schien,
dem Nachruhm
Glanz und Dauer zu verleihn.

Geblieben ist
von diesem hehren Traum
ein Torso aufgehäufter Mauerreste,
ein Turm, das Ganze überragend,
und jenseits
allen menschlichen Gebarens
ein Ausblick
in die Tiefen des Bergells.

Auch mich hat, was gewesen,
zu diesem Zeugnis hergelockt,
doch mehr noch
mein persönlich Leben,
in dem die eigene Erinnerung wohnt,
gefühlte Nähe eines Augenblicks,
das Gestern jetzt im Heute
in Wehmut still begleitend.

Blick über den Silser See

Bänke, gepflanzt wie Bäume,
am Ufer des Sees,
in Erwartung der Vielen,
die kommen werden,
sich dem Zauber hinzugeben:

endloses Spiel von Wellen
in schillernden Farben
und Weite des Blicks
hinüber zum andern Gestade,
im Dunst wie
unter einem Schleier liegend,
der Suchende
von ferne ahnen lässt,
was im Verborgnen stille ruht.

Bergwanderung

Eine Melodie,
im Rhythmus des Gehens
sich einprägend
in Untergründe der Seele,
wo Bilder sind
begangener Pfade,
und alles noch vorhanden ist,
wie einst es war,
verwandelt aber nun
im Klang der Töne,
zum Leben neu erwacht.

Nähe zu den Toten

im Fextal

Mit mir selber redend
such´ ich zu beschwören
Wege der Vergangenheit,
einstige Gestalten
in Gedanken
lebend fest zu halten,
werde dabei
plötzlich spüren,
wie begleitend
sie mich führen
hin zu jenem Orte,
der als Pforte
Übergang verkündet
und die Lebenden verbindet
mit den einstmals
so vertrauten Wesen,
die ihnen heute
nah´ gewesen.

Gebirgsheuschrecken

Man kann nicht sagen, dass sie fliegen,
viel eher hüpfen, springen, schwirren,
und, Geschwindigkeit missachtend,
blitzschnell ihre Richtung wechseln,
mit unsern Blicken kaum zu folgen.

So feiern sie die Herbstessonne,
die ihnen strahlend Licht
vielleicht zum letzten Mal gewährt.
Denn schon ein kalter, frischer Morgen
kann diesem frohen Tanz
ganz unverhofft ein Ende setzen.

Und unser Staunen bleibt zurück,
mit ihm als bleibend Frage:

Wo ist dies Leben nur geblieben?
Kann es denn gar und ganz
vergangen sein,
da doch binnen Jahresfrist
des Festes Wiederholung
zu erwarten ist?

Silvaplaner See

Wem türkis als Farbe ein Begriff,
der schaue auf den Silvaplaner See,
doch muss er einen Höhenweg begehen,
der weiten Ausblick ihm gewährt,
dann wird die ganze Wasserfläche
ihm ein schillernd Leuchten sein,
im Hintergrund die schneebedeckten Berge,
hoch ragend als gewaltige Kulisse.

Er nehme dieses Bild in sich hinein,
wo es auf die Dauer
dieses Lebens ruhen mag,
nicht als gemaltes Bild,
das in der Fläche bleibt,
auch nicht als Foto,
das ein unmittelbar Erlebtes
im gleichen Augenblick zu täuschen droht.

Silberdistel

Da bist du wieder
reiches Strahlenbündel
und Silbersonnenglanz
geschenkter Tage,

als treuer Wegbegleiter
auf Gebirges Pfaden
und Hüter meiner Heimat,
der mir nachgefolgt,

ein Überraschungskünstler,
der an diesem Ort
das Licht der gleichen Sonne
wieder spiegeln darf.

Lägh da Cavloc

Im Nachklang des Sommers
hat mich der Weg
nun heut´ hierher geführt
zu diesem entlegenen See,
der schalengleich sich öffnet
inmitten umhüllender Berge,
bereit zum Empfang
von Herbstes Sonnenstrahlen,
hüpfend, schillernd, glitzernd
auf der weiten Wasserfläche,
ein Spiel von Glück und Frieden
und letzter Abglanz
vor dem Abschiednehmen.

Wortfarben

Und Worte sind mir zu Farben geworden,
mit denen ich meine Bilder male,
auf Tiefenwirkung bedacht,
weg von der Oberfläche
und falschen Pinselstrich vermeidend,
und immer wieder lauschend,
ob nicht vielleicht ein heller Klang
vom rechten Ort der Worte kündet,
im Farbenteppich Licht verbreitet
und als ein Hoffnungsstrahl
nach außen dringt,
um vor der Umwelt zu bestehn.

Glockenblumen am Wegrand

Wo nur hast du dieses tiefe Blau erworben,
das dich einzigartig schmückt,
bis in den Spätherbst,
wenn die Sonnenstrahlen
die Lärchen in ein rotes Gold verwandeln
und erster Schnee der Berge Spitzen
in reinem Weiß verhüllt.

Vielleicht ist das Geheimnis
ein ganz besondres Licht,
das alle die genannten Farben
in einem großen Klang vereint,
im Abschiednehmen letzte Glut vermittelt,
wenn solches Leuchten nun zu Ende geht
und friedlich in Vollendung mündet.

Entlang dem Champfèr- See

Ich begleite den See,
nein, er begleitet mich,
und seine sanften Wellen,
sie gleichen Tönen einer Melodie,
die unmerklich sich
in den Rhythmus
meiner Schritte mischen,
gleichbleibend auf und ab
und wie in einem Spiegel
mich im klaren Wasser
als Hüter meiner selbst
erkennen lassen.

So hat der See
in seiner reinen Klarheit
mir gegeben,
als treuer Weggefährte
seinen Zauber zu erleben.

Kleiner Bergsee

Seltene Reinheit,
die als Himmelsspiegel
sich in Klarheit
jenes kleinen Bergsees
hat verwandelt,
hoch gelegen
zwischen Felsenspitzen
einsam ruhend.

Und nur
wer ernsthaft und
beharrlich sucht,
wird in der Begegnung
dann erleben können,
wie solche Klarheit
ihre Herkunft
als leuchtend Kleinod
zu erkennen gibt.

Hochmoore

Hochmoore - und wenig abseits
die aufgeregte Zeit,
eingleisig, lautes
pulsierendes Leben
und immer vorwärts
in derselben Richtung.

Hier nun Standort
eines vorzeitlichen Friedens,
ein Hauch, wie sonst er nur noch
über Gräbern schwebt,
den Abgeschiednen
nahe und vertraut.

So haben sumpfige Moore
im Schutz von dunklen Tannen
und zwischen hohen Bergen
in dieser Landschaft
sich versammelt
und gleichen kleinen Inseln,
im Licht der Herbstessonne
in leuchtend goldnem
Rotbraun strahlend.

Chasté

Den See in seiner Weite
von neuem zu erspüren
hab´ ich mich heute
auf den Weg gemacht.

Die große Wiesenfläche
war zu überqueren,
die Sils, das Dorf,
vom nahen Ufer trennt.

So bin ich denn
zum wiederholten Male
bei jenem Inselvorsprung
angelangt,
der stummer Zeuge ist
berühmter Geister,
Vergangenheit beschwörend
heute noch von ihnen kündet,
in Traumes stillem Dasein.

Der Blick schweift weit hinaus,
verjüngend sich zum Ende hin,
und immer enger werdend
durch die Stufen,
die beiderseits
der Berge Abwärtssteigen
zum schmalen Durchlass machen
hinunter ins Bergell.

Nicht Abbild oder Foto,
vielmehr ein Innenbild
hat sich in meines Wesens Schichten
tief verankert,
wenn ich von diesem Orte
Abschied nehmen werde.

Im Fedoztal

Ganz hinten im Tal,
da wo ein schmales Brücklein
die wilden Wasser überquert,
umspielend in eintönigem Rauschen
die hohen, steilen Berge ringsum,
dort bin ich heut´ gewesen,
einsam und nur ich allein - doch nein,
unbeachtet auf dem Weg nach hier
sind altvertraute Wesen mit erschienen,
die nun gleich lebenden Gestalten
wie einstmals sich um mich versammeln,
als sei es immer so gewesen.

Ich weiß, dass dies Erleben
nur ganz vorübergehend ist,
und doch hat es
die Gewissheit mir gegeben,
was als vergangen und verloren gilt,
von neuem zu erleben,
selbst wenn es nur ein kurzer Augenblick,
der diesem Dasein hier enthoben ist.

Bergschuhe

Meine Füße mögen diese Schuhe,
dieselben, keine andern,
so treu wie sie ist mir kein Hund bekannt
und größer ihre Lebensdauer.

Sie tragen mich und meine Beine
bedingungslos in einem fort,
und wenn sie einmal nicht mehr sind,
dann gibt es keinen Ort,
den sie nicht hätten treu geteilt,
die Schuhe und die Füße,
indem sie ihren langen Weg
nun bald zu Ende gehen.

Begegnung im Fedoztal

Ich habe das Bedürfnis dir zu winken,
weit übers tiefe Tal hinweg,
doch unliebsam getrennt durch steile Wände.

Das Rauschen wilder Wasser wird verschlingen,
was ich als Ruf dir zugedacht.

So wird er namenlos verklingen,
und nur ein heller Punkt zu sehen ist,
der langsam sich entfernt,
und die Gestalt, die ich vermuten kann,
bald hinter Berges Kamm verschwindet.

Was wohl in diesem Antlitz sich verborgen hatte,
vielleicht ein Liebendes, wer weiß,
doch ungeachtet der Entfernung bleibt,
dass beide wir dies Tal durchschritten,
sein großer Atem nun
für immer in uns ist.

Wiederbegegnung

Nun seid ihr beide nicht mehr da,
und doch im Augenblick so seltsam nah,
als hättet ihr ein zweites Mal gefunden,
was mich sehr innig hat mit euch verbunden,
zwar jeder ganz auf seine eigne Weise,
und doch hat euch dieselbe Reise
an einen andern Ort geführt,
und nur noch manchmal
fühl´ ich mich im Innersten berührt,
wenn Worte, Bilder und Gebärden
euch wahrnehmbar machen als Gefährten,
die, auch wenn sie
niemals sich begegnet waren,
Gemeinsamkeit durch Wesens Nähe
treu bewahren.

Nun seid ihr beide nicht mehr da,
doch in Gedanken wieder bildhaft nah,
wenn tief im Grund der See sich breitet
und mir sein farbig Himmelslicht bereitet.

Sichelmond über dem See

Um Mitternacht –
Sichelmond über dem See,
hindurch zwischen Wolkenlücken
streut er sein silbernes Licht,
hüpfende, gleißende Strahlen
auf sanft bewegter Wasserfläche:

ein zauberhaftes Spiel
für einen kurzen Augenblick,
bis die geschlossne Wolkendecke
dem Spuk ein frühes Ende macht.

Vergeblich sucht das Auge nun
am Himmel nach dem Silberleuchten,
indes der See in tiefem Frieden ruht,
dem neuen Tag entgegenlebt.

Höhenweg

Der Höhenweg, den um die Mittagszeit
ich heute bin gegangen,
quert eines Berges steilen Hang,
und des Geröllfelds uriges Gestein
reicht weit hinunter bis zum See,
den dunkler Tannen Gürtel
vor drohenden Gefahren schützt,
und zwischen diesen Bäumen,
da funkelt, glitzert, gleißt
die Mittagsglut
in blendend hellem Licht,
versetzt die Wellen ohne Zahl
in kräuselnde Bewegung,
auch wenn auf gleicher Stelle
sie ruhelos verharren.

Dies Schauspiel prägt als Bild
sich mir auf Dauer bleibend ein,
ich nehme teil und spiele mit,
erlebe mich in diesem Licht
als ruhelos bewegt
und eine von den vielen Wellen.

Der Zwirbelbär

Ein kleiner, zarter Schmetterling,
orange und gelb sein Kleid,
der flattert vor mir her.
Er weiß den Weg genau
und eilt voraus
als Zwirbelbär:
so soll er künftig heißen.

Warum Geflügelte
sich manchmal Bären nennen,
ist mir zwar nicht bekannt,
doch lässt markanter Name
wohl erkennen,
was dem Gedächtnis oftmals
rasch entschwand.

Dich also, kleiner Zwirbelbär,
bewundern wir gar sehr,
da du am besten zwirbeln kannst,
so zwirble weiter hin und her.

In stillem Gedenken
an Remo Fasani

Hier auf dieser Bank wohl
bist vor kurzem du gesessen,
ein alter, hochbetagter Mann,
und unter dir der tiefe See,
der Jahr um Jahr dich grüßt
nach treuer Wiederkehr.

Es ist wie ein lebendiges Gespräch,
das beide euch verbindet,
und die Gedanken werden wach,
um auf des Lebens Schicksalslinien
hin und her zu wandern.

Vergangenheit und Gegenwart
vereinen sich zu einem großen Bild,
das in ein letztes Tor
allmählich sich verwandelt,
um einem müden Wanderer
Einlass zu gewähren.

Du hast in jungen Jahren
die Sprache dir
als Lebensinhalt auserwählt.
Sie hat dich treu begleitet
in schöpferischem Ringen
um Form und Inhalt,
welche überdauern.

So bist in würdiger Vollendung du
an diesem Orte angelangt
und darfst befreit von Erdenlast
die Grenze friedlich überschreiten,
umgeben ist dein Grab von hohen Bergen,
die Heimat waren,
sind und bleiben werden.

Weidenröschen

Weidenröschen in den Bergen,
das nunmehr Abschied nimmt
am letzten Tage vor dem Herbstbeginn,
du hast uns reich beschenkt
mit deinem Blütenglanz,
der Violett besondrer Art
als Schmuck hat mitgeteilt,
kein andres Leuchten
kommt ihm gleich.

Der hohe Stängel hat
den Reichtum deiner Fülle
in ungeahnter Vielfalt
lange mitgetragen
und oft und oft
im Licht der Sonne
in strahlend Leben umgewandelt.

Nun aber geht in diesem Welken
mit einem Mal zu Ende,
was einst in Hoffnung
neu geboren war
und dann nach langem Blühen
Erfüllung hat gefunden.

Geburt der Worte

Beim Wandern in den Bergen,
da hab´ ich jüngst erlebt,
wie Worte auf den Weg sich machen,
die bisher in der Seele Tiefen
verborgen still geruht.

Zum Leben sie erwachen
und werden neu geboren,
und was sie finden
ist ein großes Himmelslicht,
das sie,
in eine Sprachgestalt verwandelnd,
leuchten lassen
den Menschen,
denen sie begegnen.

Dies Engadiner Licht

Wind,
Herbstwind,
Malojawind,
dazu dies Engadiner Licht,
mit unsern Worten
kaum zu fassen,
im Wellengang des Sees
sich verklärend,
und wiederspiegelnd
tausendfach und mehr
im Silberleuchten
der bewegten Wasserfläche.

Du stehst
und schaust und staunst
und kannst es
dennoch nicht ergründen.

Begnüge dich,
wenn nun der Silberglanz
beim Abschied
dich begleiten wird
zurück in heimatliche Sphären
und dort im Innern dir
für lange Zeit erhalten bleibt
als Wunschgedanke
einer Wiederkehr.

Wilde Wasserbäche

Gesprochen habe ich noch nicht
von jenen wilden Wasserbächen,
die tosend in die Tiefe stürzen,
vorbei, vorbei an dir
und keine Zeit zum Gruß,
hinab, hinab in Tales Tiefe,
wo dann ein großer See
sie aufnimmt
und willkommen heißt.

Regenwind im Engadin

Auch er gehört dazu,
der stürmische Regen
des Engadin,
den der Westwind
in grauen Schwaden
über den See peitscht
und die Berge ringsum
in dichte Schleier hüllt.

Wo ist das alles nur geblieben?
Du weißt es zwar
und dennoch wird in dir
verborgnes Ahnen wach,
das in sich trägt
Erwartung eines Kommenden,
und wie bei einer Auferstehung
enthüllen sich die alten Bilder,
als wären sie
im Augenblick entstanden.

Segantini

Ich habe es gewusst,
dass ich dich finden werde
als Inbegriff
des Engadiner Lichts,
das du mit deinen Farben
für uns erobert hast,
wie keiner sonst,
und hinter diesem Leuchten
der Worte Vielzahl selbst
trotz immerwährendem Versuch
verblassen muss.

Wie nur hast du das gemacht,
der du, ein dunkler, krauser Typ
aus südlichen Gefilden
in diese Alpenlandschaft
einst gekommen bist?

Welch´ heller Stern
hat dich geführt,
an diesem Ort einmalig Werk
auf zauberhafte Weise
zu vollenden,
Geburt und Sein und Tod
in großer Schau,
im Hintergrund der Berge
unvergleichlich Licht
auf Himmels Wegen
zu bereiten,
die so dann
zu den Menschen finden
als Botschaft aus
des Raumes Weiten?

Nietzsche

Und immer wieder bin ich
an diesen Ort zurückgekehrt,
der sich mit unsern Worten
so gar nicht will
beschreiben lassen.

Doch haben große Geister
in diesem Umfeld
einst gefunden,
was unbemerkt in ihre Werke
mag eingeflossen sein,
vielleicht auch wie ein Blitzstrahl,
gleich einem Funken zündend,
so in dem uns bekannten Falle
als große, übergreifende Idee,
durch Klarsicht
Raumes Weite öffnend,
nie Dagewesenes
als Botschaft übermittelt,
und in der Menschheit Denken
ihre Spuren
als bleibend Erbe hinterlässt.

So darf erfüllt von dannen gehn,
wer Klarheit, Reinheit jenes Ortes
tief eingeatmet, in sich aufgenommen,
und dieses Engadiner Licht
auf sich hat wirken lassen.

Sils Maria in E-Dur

Da hat mir in den Ohren,
auf Pfaden einsam wandernd,
ganz plötzlich deutlich hörbar
ein herrlich Lied geklungen:

im Rhythmus meiner Schritte
erlebte ich den großen Meister,
Johann Sebastian Bach,
in E-Dur sein Adagio
für Geige und Klavier:

die Töne aufwärts strebend,
und wie bei einem Sonnenaufgang
an Höhe rasch gewinnend.

Als strahlend helle Klänge
bezwangen sie den Raum
und kehrten wieder zu erklimmen
den Gipfel reiner Harmonien,

bis schließlich wie im Wellengang
und stufenweise abwärts steigend
am Abend der Akkorde
die warmen Töne leis verklangen.

.

Sterne überm Silser See

Großer Wagen über Berges Zinnen,
wie bist du nur hierher gekommen?
Ich dachte dich
in meiner Heimat Sphären
am Sternenhimmel
als ein bleibend Zeichen.

Nun hast du deinen Ort getauscht,
ich konnt´ dir nicht entrinnen,
als treuer Hüter folgtest du,
und deiner Sterne Lichtesbotschaft
ist bis heute gleich geblieben,
auch hier, wo unter dir
des Sees dunkle Wasserfläche
sich in die Ferne weithin dehnt,
eintönig plätschernd Rauschen
den Wellengang begleitet.

Wie soll ich es verstehn:
Ist das ein Lockruf
hier zu bleiben,
vielleicht nun aber doch
den Heimweg anzutreten
nach einer Reihe
von erfüllten Tagen,
die ihre Spuren hinterließen?

Inhaltsverzeichnis

Weitere Veröffentlichung des Autors

Wolfgang Rinn

Jedem sein eigenes Tempo

52 Tiergedichte für Jung und Alt

mit Bildern von
Johanna Bohnen

Jedem sein eigenes Tempo
52 Tiergedichte für Jung und Alt -Gedichte-

Books on Demand
 ISBN 9783842376939, Paperback, 84 Seiten, 8.90 €

Zu diesem Buch
Mal heiter, mal besinnlich, ersteht die Wunderwelt der kleinen Tiere mit ihren liebenswerten, charakteristischen Eigenschaften, oftmals sehr vertraut und schelmischen Blicks auf menschliche Schwächen und Eigenheiten, in stillem, unausgesprochenem Wetteifer, wenn es um die jeweiligen Fähigkeiten geht, gleichzeitig auch als lebendiger Hinweis auf das Schöpfungsgeschehen und seine reiche Vielgestaltigkeit.
Die Unscheinbarkeit der Natur weitet sich zu einem bewundernswerten Panorama für die Menschen, sofern es ihrem Erleben zugänglich ist. Das wollen diese Tiergedichte vermitteln und wenden sich dabei an Jung und Alt.

Pressestimmen zum Buch „Jedem sein eigenes Tempo

Gedichte von Wolfgang Rinn

(...) Darin veröffentlicht er 52 Tiergedichte, die mit heiterem Grundton vor allem den Kleinen und Unscheinbaren der Fauna Beachtung schenken. Wurm und Schnecke, Ameise, Schnaken, Spinnen, Libelle, Frosch und Schwalbe und viele andere kommen dem Leser in gereimten Porträts nahe. Wolfgang Rinns Fabulierlust ist zu spüren und auch seine Freude am Wesen der unterschiedlichen Kreaturen. Illustrationen von Johanna Bohnen begleiten mit ihren vitalen Farben den freundlichen Humor der Verse. (can)

REUTLINGER GENRERAL- ANZEIGER, Dezember 2011

Last-Minute-Ideen vor dem Fest

Der Reutlinger Autor Wolfgang Rinn hat einen neuen Lyrikband veröffentlicht. „Jedem sein eigenes Tempo" bietet 52 Tiergedichte für Jung und Alt, illustriert von Johanna Bohnen.
Rinns Verse sind inzwischen auch in bedeutende Anthologien aufgenommen worden. Sein Buch ist ein heiter- besinnlicher Streifzug, der sich erfreulich wenig um den hektischen Zeitgeist kümmert und in seiner Art für sanfte Entschleunigung sorgt.

SÜDWESTPRESSE REUTLINGEN, Dezember 2011

Tiergedichte für Jung und Alt

Mal heiter, mal besinnlich entsteht in den Gedichten die Wunderwelt der kleinen Tiere. Häufig mit einem schelmischen Blick auf charakteristische Eigenschaften, die wir auch beim Menschen immer wieder finden. Liebevoll illustriert ist der Gedichtband mit Bildern der Malerin Johanna Bohnen.

DIE-KLEINE-ZEITUNG.DE, Januar 2012

Weitere Veröffentlichung des Autors

Wortblüten -Gedichte-

Books on Demand
ISBN 978-3-8391-4141-0, Paperback, 108 Seiten, 8.90 €

„Wortblüten" nennt der Autor seine Gedichtsammlung, die über mehrere Jahrzehnte hinweg entstanden ist. Wie in Tagebuchein-tragungen reihen sich vielfältige Lebensbegegnungen, persönliche Erlebnisse und seelische Erfahrungen aneinander, die sich selbst und die Umwelt kritisch beleuchten.
Da ist von einem Käfig die Rede, in dem gesammelte Wörter eine Verwandlung erfahren und dann den Weg zu den Menschen suchen. Gleichzeitig erwacht auch die Welt der kleinen verborgenen Dinge in der Natur, endlich und vergänglich wie das menschliche Leben selbst, mit dessen Prozess sich der älter werdende Mensch zuneh-mend konfrontiert sieht.
Ein kleiner Zyklus mit Erinnerungen an eine Verstorbene beschließt den Gedichtband.

Stimmen zum Buch „Wortblüten"

„... wollte kurz meine herzlichen Glückwünsche zu Ihrem neuen
Buch loswerden. Ich finde, es sind wieder wunderbare Texte mit
Tiefgang und doch auch einer seltsam schwebenden Leichtigkeit,
die mich jedes Mal berührt. Man kann sie allerdings nur in Portio-
nen zu sich nehmen- ihres Gehalts wegen..."
P.Z., Reutlingen

„Was Einer versucht, mühselig gedanklich zu erfassen, gelingt dem
Andern wie selbstverständlich in seinen Gedichten zum Ausdruck
zu bringen, und dennoch bleibt es verborgen, und wer es verstehen
will, muss sich schon selbst auf den Weg machen. Und wenn es
gelingt, dann werden Gedanken zu Empfindungen und führen so zu
einer tieferen Erkenntnis..."
E.M., Hamburg

„Ich habe Muse gebraucht, mich in Deinen Gedichtband hineinzule-
sen. Seitdem ist er mein Begleiter. Schon der Titel ist sehr treffend.
Es ist wirklich so, mit Deinen Worten blüht im Innern Vieles auf,
Verschüttetes, nicht mehr Gefühltes, Wesentliches, wie der Verlust
des geliebten Menschen, das eigene Altwerden und Sterben.
Die Wunder der uns umgebenden Natur, die uns erfüllen können,
wenn wir ganz still werden. Manche Gedichte muss ich laut lesen,
brauche einen Zuhörer, für andere brauche ich die Stille und das
Weinen. Danke!
Dein Gedichtband ist ein schönes Geschenk für wenige Menschen,
für die es zumutbar ist, zu sich zu kommen in der Stille..."
K.K.-P., Rückersdorf

"Ich danke Ihnen dafür, dass Sie mich zum „Gesprächspartner"
Ihrer letzten Gedichte für eine Verstorbene gemacht haben. Die
Frage ist nur: Was kann ich Ihnen antworten? Der Tod führt uns
in die Welt einer Stille, die jenseits der Worte zu liegen scheint.
Aber gerade aus dieser Stille haben Sie jetzt gesprochen. So haben
Sie jene Grenze erreicht, wo sich Sagen und Schweigen treffen und
Neues eröffnen."
Prof. Dr. R.F., Neuchâtel